365 tweets de sagesse

Alexandro Jodorowsky

365 tweets de sagesse

Traduit de l'espagnol (Chili)
par Nelly et Alex Lhermillier

Albin Michel

Introduction

Écrire plongé dans la solitude physique et mentale, attendre la publication du livre, sa distribution, la parution des critiques et enfin la réaction de quelques lecteurs, tout cela peut prendre des mois, voire des années. C'est bien différent d'écrire un blog, sur Twitter ou Facebook, pour des milliers de lecteurs qui, à l'instant où l'on met le point final à une phrase, pianotent sur leurs claviers et envoient leurs réactions, critiques et éloges, exposant aussi leurs points de vue. On passe du monologue au dialogue constant. Savoir que notre phrase, obligatoirement courte, à peine écrite sera lue par une multitude d'amis fait naître en nous une énergie euphorique qui confère aux mots une vibration vitale.

L'idée d'entreprendre l'aventure dont ce livre est le témoignage ne me serait jamais venue à l'esprit si mon fils Adán ne m'avait incité à le faire. Il m'a dit : « La littérature d'ermites narcissiques gît dans le mausolée du XXe siècle. Aujourd'hui la littérature, en particulier la poésie, naît d'une étroite collaboration entre l'écrivain et ses lecteurs : ensemble, ils créent l'œuvre. Ceux qui te lisent se connectent avec toi, te suivent, te répondent, mais si ce que tu dis n'est pas ce qu'ils désirent entendre, ils te coupent la langue par un *unfollow*, ils t'abandonnent. Tu dois les gagner chaque jour, les surprendre, les convaincre, les secouer, les caresser. Telle une barque habitée par eux, tu dois avancer sur la mer sombre de l'inconscient pour arriver à la Conscience. »

Contrairement à ceux qui n'utilisent ce moyen que pour parler d'eux, lorsque je me suis baptisé « @alejodorowsky » pour m'exprimer sur Twitter sous la devise « Re-évolution poétique, la Conscience au pouvoir ! », je me suis promis d'entrer sur le territoire de l'impersonnel, parlant seulement de thèmes exempts du parfum nombriliste qui se dégage de tant de tweets. Cette tâche, bien qu'elle ne soit pas facile, est devenu un jeu enrichissant : toute pensée, aussi importante et complexe fût-elle, devait être condensée en une phrase de 140 caractères (ou moins, mais pas un de plus). Ces phrases, en raison de leur implacable caractère impersonnel, je les ai appelées *métaphorismes*. Mon éditeur français a choisi 365 de ces sortes de *psychoproverbes* pour rythmer l'année.

Janvier

1er janvier

Ce que tu donnes, tu te le donnes. Ce que tu ne donnes pas, tu te l'enlèves.

---

2 janvier

Nous pouvons tous être nécessaires, mais jamais indispensables.

3 janvier

Tes yeux ne me voient que lorsqu'ils me transforment.

---

4 janvier

Tu n'as pas été avant, tu n'es pas maintenant, tu ne seras pas après. Hors du temps, ris tranquille.

---

5 janvier

Tout ce que nous faisons, y compris mourir, est un commencement.

6 janvier

Nous faisons du tort à autrui en l'obligeant à recevoir ce qu'il ne demande pas.

---

7 janvier

Tu te comportes en parasite du monde, dévorant les fruits d'autrui sans jamais semer.

---

8 janvier

En même temps, spiritualisation de la matière et matérialisation de l'esprit.

9 janvier

La beauté d'une fleur qui s'ouvre équivaut à la beauté d'une fleur qui se fane.

---

10 janvier

Tu veux aimer, mais tu confonds cela avec vouloir être l'unique aimé.

---

11 janvier

La guérison consiste en la réalisation de ce qu'on est, pas en la réalisation de ce qu'est le thérapeute.

12 janvier

Il n'y a pas en soi un texte sacré : le sacré, c'est le lecteur qui l'octroie.

---

13 janvier

Plus le voyageur est invisible, plus sa magie avance dans le monde.

---

14 janvier

Soit tu n'es rien, soit tu es trop.

15 janvier

Triompher, c'est apprendre à échouer. Échouer, c'est seulement changer de chemin.

---

16 janvier

Le seul moyen de connaître l'être humain se trouve à travers ses limites.

---

17 janvier

La fonction de la parole est d'humaniser la pensée. Qui trouve le soleil de son esprit dirige la lumière de ses pas.

18 janvier

On nous demande d'être ce que nous ne sommes pas et on nous accuse d'être ce que nous sommes.

---

19 janvier

Pour avoir, donne quand tu n'as pas.

---

20 janvier

Sois patient : il n'y a pas d'épines sans roses !

21 janvier

Ne désire pas tant de choses que tu ne puisses recevoir du simple fait que tu es rempli de désirs.

---

22 janvier

Dans nos blessures réside la guérison. Ce sont des portes par lesquelles entre la Conscience.

---

23 janvier

L'unité n'est pas l'exclusion des contraires, mais la somme des contraires.

24 janvier

Plus important qu'être aimé est que toi tu aimes.

---

25 janvier

Quelque chose est bon ou mauvais selon son emploi : le son d'un fouet, lorsqu'il ne blesse pas, est de la musique.

---

26 janvier

Si c'est nécessaire, c'est possible. Chaque soif crée son eau, chaque aliment crée sa bouche.

27 janvier

Si tu es conscient que tu souffres, c'est que quelque part tu ne souffres pas. Celui qui se voit souffrir n'est pas celui qui souffre.

---

28 janvier

On ne peut parler de séparation lorsqu'on n'a jamais été unis.

---

29 janvier

Ce que tu veux être, tu l'es déjà.

30 janvier

Tu n'es pas capable d'apprécier la beauté d'autrui parce que tu n'es pas conscient de la tienne.

---

31 janvier

Vouloir posséder l'autre n'est pas l'aimer, mais chercher son extinction en l'incorporant à soi.

Février

1er février

La noble finalité de la critique est de préparer la naissance de la beauté.

---

2 février

Réceptif vers le ciel, actif vers la terre !

3 février

L'angoisse est notre création, une marionnette à l'intérieur de laquelle nous vivons.

---

4 février

Bienheureux celui qui ne promet pas, mais qui fait, et ce qu'il fait, il le fait avec amour.

---

5 février

Tu ne peux changer le monde, mais tu peux changer ton monde.

6 février

Plus tu fais d'efforts pour te libérer de ton ego, plus tu croîs. Ce n'est pas lui qui t'enchaîne, c'est toi qui le cultives.

---

7 février

Essayer de guérir l'autre exige de l'humilité, car sur le chemin de sa guérison tu dois disparaître afin de lui permettre de se soigner lui-même.

8 février

Tu atteins la maturité humaine quand tu apprends à accepter et à exalter les valeurs de l'autre.

---

9 février

Si l'on n'a pas de mérites, on n'a pas non plus de défauts. Il est aussi vaniteux d'être un champion que d'être un lâche.

---

10 février

Parce que tu manques de foi en toi, tu n'es pas toi-même.

11 février

Parfois, se guérir ne signifie pas soigner la maladie, mais apprendre à vivre avec elle.

---

12 février

On ne peut rien nous donner que nous n'ayons déjà.

---

13 février

Ce n'est pas toi qui cherches la perfection, c'est la perfection qui te cherche. Tu ne fais pas les choses, les choses se font en toi.

14 février

« Si tu me donnes, je te donne. Si tu ne me donnes pas, je ne te donne pas. » Expulse de toi ces marchandages inutiles.

---

15 février

Réfugié dans l'incertain, approuve l'inévitable. Dans le fugace se cache l'impérissable.

---

16 février

Lorsque tu aimes quelqu'un, ne lui demande pas plus que ce qu'il te donne au moment où il te le donne.

17 février

Les événements dépendent de ce qu'on pense qu'ils sont. La réalité extérieure s'entretisse avec notre âme.

---

18 février

Le maître de la perfection est l'erreur. Le maître de la santé est la maladie. Le maître de l'alimentation est le jeûne.

---

19 février

Personne ne t'a rien fait. C'est toi qui te le fais par l'intermédiaire des autres.

20 février

N'en doute pas : tu as une finalité. Un fruit surgit parce qu'il est nécessaire, il ne sait pas quel oiseau va le manger.

---

21 février

Ce que tu critiques chez les autres est en toi. Ce qui n'est pas en toi, tu ne le vois pas.

---

22 février

Nous comprenons une personne pour la première fois quand nous la voyons pour la dernière fois.

23 février

Nous soucions-nous de donner à ceux à qui nous demandons ?

---

24 février

Il n'est jamais trop tard : ce que nous n'avons pas fait pour les nôtres, nous le ferons pour les autres.

---

25 février

Tu veux résoudre tes problèmes émotionnels en donnant le jour à un enfant ? Les enfants ne sont pas conçus pour servir de béquilles.

26 février

Quand la victime cesse de rêver, le bourreau se volatilise.

---

27 février

Ce n'est pas que tu sois modeste, c'est que tu as appris à dissimuler ta vanité.

---

28 février

L'aigle n'a jamais perdu plus de temps que lorsqu'il a pris des leçons auprès de la tortue.

29 février

Je ne sais pas quel est mon but, mais je sais que pour le connaître je dois arriver à moi.

Mars

1er mars

Beaucoup de plus peuvent s'obtenir avec des moins.

---

2 mars

Ne dis pas tout ce que tu sais, ne crois pas tout ce que tu entends, ne fais pas tout ce que tu peux. Garde en toi un jardin secret.

3 mars

Si tu veux cesser de faire ce que tu fais, cesse d'être ce que tu n'es pas.

---

4 mars

Garde ta dignité : si un chien te mord, ne mords pas le chien.

---

5 mars

Ce n'est qu'en mourant qu'on arrive au présent.

6 mars

L'amour est une acceptation complète. Si tu aimes le chien mais n'aimes pas également ses puces, tu ne l'aimes pas.

---

7 mars

Les êtres humains ne sont ni bons ni mauvais. Satisfaits, ils agissent comme des saints ; insatisfaits, ils agissent comme des diables.

8 mars

Ne réponds pas à une agression par une autre agression. S'ils te lancent une pierre, lance-leur un pain.

---

9 mars

Ce qui te plaît en moi, améliore-le en toi.

---

10 mars

Le bonheur consiste à rencontrer quelqu'un en qui avoir confiance. La meilleure porte est celle que tu peux laisser ouverte.

11 mars

Si tu veux être heureux, oublie ce qu'il est impossible de changer.

12 mars

La fidélité par obligation est infidélité à toi-même. Tu n'es pas fidèle par volonté de l'être, tu es fidèle par absence d'autres désirs.

13 mars

Le plus beau des cadeaux, c'est un jour de plus.

14 mars

Un seul grain de sel donne du goût à tout l'océan.

---

15 mars

L'esprit est ce qu'il est lorsqu'il est vide de mots. Le cœur est ce qu'il est lorsqu'il est empli d'amour.

---

16 mars

L'univers nous a offert une belle finalité : être des créateurs de Conscience.

17 mars

Laisse-les venir, laisse-les passer : ne lutte pas contre tes émotions. Mieux vaut transpirer que trembler.

---

18 mars

Je vois des foules de gens dont les vêtements sont plus proches d'eux que leur peau. Être ou paraître ?

---

19 mars

Surveille tes ambitions : nous sommes tous utiles à quelque chose, mais pas tous à la même chose.

20 mars

On ne ressent pas de la gratitude seulement quand on jouit de ce qui nous a été prêté, mais aussi après qu'on l'a rendu.

---

21 mars

Chaque pas est un commencement. Aspire à aller-là où l'on n'arrive jamais.

---

22 mars

Courage, poète : les oiseaux volent sans crainte de s'écraser au sol !

23 mars

Cette douleur n'est pas la tienne, c'est celle de l'enfant qui règne dans ta mémoire.

---

24 mars

Garde l'espoir jusqu'à la dernière seconde. Tant qu'il n'est pas minuit, ne dis pas que tu as jeûné toute la journée.

---

25 mars

Je plonge mon visage dans ton âme comme si elle était mon masque.

26 mars

Si tout est illusion, cherche les plus belles illusions.

---

27 mars

Le négatif peut être utile : quand quelqu'un te mord, il te rappelle que tu as des dents.

---

28 mars

Ne te crée pas d'angoisses. Si le combat est pour demain, ne vis pas aujourd'hui les poings serrés.

29 mars

Lorsque tu cesses d'aimer, ta mémoire efface les parties douces, faisant un passé avec les seules parties amères.

---

30 mars

Si ce que je dis n'est pas de moi, pourquoi me sentirais-je sage ? Les puces du chien croient qu'elles aboient.

---

31 mars

Cesse de te vanter : le sucre ne dit pas qu'il est doux.

Avril

1er avril

Égoïste, tu te leurres : parce que tu cours seul, tu es sûr d'arriver le premier.

---

2 avril

Les pays sont une illusion. Le seul territoire réel est la Terre.

3 avril

Notre vie ne dure que trois jours : hier, aujourd'hui, demain. Mais quelle vie !

---

4 avril

Oublie ce que tu donnes. Souviens-toi de ce que tu as reçu.

---

5 avril

Cette charge que tu portes, c'est tout ce que tu n'as pas voulu donner.

6 avril

N'attends pas que les autres te donnent ce que tu ne veux pas leur donner.

---

7 avril

Tu te plains de ne pas te trouver toi-même : le puits n'est pas profond, c'est la corde qui est courte.

---

8 avril

Si tu appelles quelqu'un avec une massue à la main, ne te plains pas qu'il ne s'approche pas de toi

9 avril

Tu n'es plus un enfant : tu ne peux manger tout le gâteau et exiger qu'il t'en reste encore.

---

10 avril

N'utilise que l'énergie qui correspond au problème. Ne prends pas un fusil pour tuer un papillon.

---

11 avril

Libéré des limites, atteins une absence digne.

12 avril

Si ton corps se dresse droit, peu t'importe que ton ombre soit tordue.

---

13 avril

Cesse d'économiser autant ! L'eau qui coule jamais ne pourrit.

---

14 avril

Ne tente pas de consoler par des paroles quelqu'un qui a perdu un être aimé. On n'éteint pas un feu avec des poignées de paille.

15 avril

On te donne de l'argent que tu n'as pas demandé ? Si Dieu te lance un bonbon, ouvre la bouche.

---

16 avril

Pour avancer, je fais un pas dans le vide.

---

17 avril

L'intellect est fait de définitions nées de la peur de l'impensable.

18 avril

Ni la lune ni le soleil ne portent de bijoux. Les étoiles brillent sans se soucier de l'opacité des planètes.

---

19 avril

Que faire lorsqu'on ne peut faire ? Laisser que cela se fasse !

---

20 avril

Les paroles indiquent le but, mais elles ne le sont pas. Lorsqu'on attrape le poisson, le filet cesse d'être nécessaire.

21 avril

On ne peut perdre que ce qui n'est pas soi-même. On est ce qu'on est pour toujours.

---

22 avril

Une œuvre honnête résiste à toutes les critiques : l'or qui tombe à terre ne pourrit pas.

---

23 avril

La louange est le début de l'insulte.

24 avril

Chaque esprit croit que ses limites sont le réel : le crapaud dans le puits nie l'existence de la mer.

---

25 avril

Respecte ce qui est méprisé : l'eau sale peut éteindre un incendie.

---

26 avril

Vérifie si celui qui te menace peut te faire du mal : certains, n'ayant pas de chien, font aboyer leur chat.

27 avril

Tu auras beau dire mille fois « miel », ta bouche ne sera pas sucrée pour autant.

---

28 avril

Cette coupe d'or que tu admires tant ne vaut rien si l'on y verse ton sang.

---

29 avril

Ne te soucie pas qu'on dise du mal de toi : l'aboiement des chiens ne fait pas de mal à un nuage.

30 avril

Que l'intellect ne t'immobilise pas : si ton épée est courte, allonge-la en faisant un pas.

Mai

1er mai

Tu veux la reconquérir ? On peut nouer un fil brisé, mais il y aura toujours un nœud au milieu.

---

2 mai

Ne cherche pas à créer, laisse croître. Ne décore pas, dénude l'essentiel.

3 mai

Unis-toi au tout, pas à une partie.

---

4 mai

Pendant que le philosophe cherche le pont invisible, le poète traverse le fleuve à la nage.

---

5 mai

Respecte tous les êtres : dans chaque goutte de rosée brille la même lune.

6 mai

Tu clames avoir éliminé ton ego ? Le cheval court comme un fou, mais il ne peut échapper à sa queue.

---

7 mai

Pour recevoir ce qu'on aime, il faut d'abord se défaire de ce qu'on n'aime pas.

---

8 mai

Lorsque le pire arrive, ce qui te paraissait mauvais se transforme en bien.

9 mai

Tu seras fort si, parmi les faibles, tu n'oublies pas ta faiblesse.

---

10 mai

Ne pèche pas à moitié : si tu dévores un diable, avale aussi ses cornes.

---

11 mai

L'amour est semblable à la lune : lorsqu'il ne croît pas, il décroît.

12 mai

Offrir beaucoup à qui demande peu est une manière de l'humilier.

---

13 mai

Sois muet lorsque tu donnes et parle lorsque tu reçois. Remercier est un art.

---

14 mai

Qui porte le malheur dans l'esprit voit naître des vers jusque dans le sel.

15 mai

Ne te soucie pas de ceux qui te veulent du mal, mais de ceux qui peuvent te faire du mal.

---

16 mai

Celui qui ne veut pas lorsqu'il peut ne peut pas lorsqu'il veut.

---

17 mai

Ce n'est pas le plus fort qui gagne, mais celui qui résiste le plus : l'enclume survit au marteau.

18 mai

La manière de donner a plus d'importance que ce que l'on donne.

---

19 mai

Qui que soient les parents que tu as eus, c'est l'univers qui t'a créé.

---

20 mai

Ne cherche pas devant ce que tu as laissé derrière.

21 mai

Donne tout ce que tu sais pour savoir tout ce que tu ignores.

---

22 mai

Garde-toi des insatisfaits : quand le mental a faim, il mange n'importe qui.

---

23 mai

Celui qui sait, mais ne dit pas qu'il sait, sait véritablement.

24 mai

Si ce que tu fais te fatigue, c'est que tu ne désires pas le faire. Ce que tu aimes ne te fatigue jamais.

---

25 mai

On t'offre prix et honneurs – en échange de quoi ? La nourriture a une odeur délicieuse lorsqu'elle entre, mais elle pue lorsqu'elle sort.

---

26 mai

Rien n'est qu'à toi : le moi n'est pas possible sans l'existence de l'autre.

27 mai

Le talent ne s'invente pas, on naît avec : si on n'a pas de seins, on n'essaie pas d'allaiter.

---

28 mai

Rends-toi digne d'une faveur et jamais tu n'auras à la réclamer.

---

29 mai

Fais le nécessaire pour que les choses se réalisent d'elles-mêmes.

30 mai

Si ta compagne veut se séparer de toi, laisse-la s'en aller : tu ne peux attacher l'eau avec une corde.

---

31 mai

La femme de ta vie est celle que tu serres entre tes bras en sachant qu'elle est condamnée à mourir.

Juin

1er juin

Si tu ne peux trouver quelque chose, fais que ce quelque chose te trouve.

---

2 juin

Je ne me connais que par ce que je ne suis pas.

3 juin

La vie n'a pas de solution parce qu'elle n'est pas un problème : elle est la réponse à tous les problèmes.

---

4 juin

Le sens de ce que tu dis change selon l'endroit, le moment et la façon dont tu le dis.

---

5 juin

Accorde-toi toutes les possibilités d'être, change de chemin autant de fois qu'il te sera nécessaire.

6 juin

Lorsque tu doutes entre faire et ne pas faire, choisis de faire : si tu te trompes, au moins auras-tu l'expérience.

---

7 juin

Fleuve impétueux, n'aspire pas à être eau stagnante.

---

8 juin

Le contenu est toujours plus grand que la forme.

9 juin

Écoute davantage ton intuition que ta raison : les paroles forgent la réalité, mais elles ne sont pas la réalité.

---

10 juin

Personne ne peut donner seulement ce qu'il a en lui. La requête de l'autre l'insémine. Le don se crée entre deux personnes.

11 juin

Faire un miracle, c'est créer les circonstances appropriées pour qu'un phénomène naturel se produise.

---

12 juin

Là où tu cherches un objet immobile, il n'y a qu'un événement incessant.

---

13 juin

Ce que je t'ai donné, tu l'as créé en moi.

14 juin

Tu ne tailles pas cette pierre pour fabriquer un cube, tu la tailles pour qu'elle soit le commencement d'un temple.

---

15 juin

Lorsque le sage sait, il sait qu'il sait. Lorsque l'idiot sait, il ne sait pas qu'il sait.

---

16 juin

Tu seras fort lorsque tu apprendras à ne pas faire de mal.

17 juin

La solitude, c'est ne pas savoir être avec soi-même.

---

18 juin

Entre les cendres de mon Maître et mes cendres, il n'y aura pas de différence.

---

19 juin

Je suis aussi ce que je ne suis pas, c'est-à-dire toi.

20 juin

Si tu veux être libre, ne t'empare de rien ni de personne.

---

21 juin

La jalousie, c'est quand tu as peur que quelqu'un donne à l'être que tu aimes ce que tu ne peux lui donner.

---

22 juin

Ce que tu gardes pourrit, ce que tu donnes fleurit.

23 juin

Chacune de mes blessures a créé une perle.

---

24 juin

Nous ne pouvons prolonger notre vie, mais nous pouvons ne pas hâter notre mort.

---

25 juin

Quand tu me dis : « Je t'aime », lequel de tes multiples « je » me parle ?

26 juin

Je suis ton amour, pas ta béquille !

---

27 juin

Le silence n'a pas de limites. Les limites, c'est la parole qui les pose.

---

28 juin

Parfois, perdre c'est gagner, et ne pas trouver ce que l'on cherche, c'est se trouver.

29 juin

Sans obstacles, rien ne peut acquérir la force suffisante pour grandir.

---

30 juin

La vérité est ce que par foi nous décidons être la vérité.

Juillet

1er juillet

Je suis à la fois ce que j'ai été, ce que je suis et ce que je serai.

---

2 juillet

Si tu veux être fort dans le grand, rends-toi fort dans le petit.

3 juillet

Ne porte pas autant de rochers, laisse naître en toi ce qui ne dépend pas de ta volonté.

---

4 juillet

Je ne te demande pas, je te donne. Dire : « Je te donne », c'est dire : « Je me donne. »

---

5 juillet

Tu crois le Grand Gourou ? Tu ressembles à un singe qui salive parce qu'on lui dit que les nuages sont des bananes.

6 juillet

Nous nous fâchons toujours pour un autre motif que celui que nous croyons. Notre colère cache une colère plus grande.

---

7 juillet

Tu t'es libéré de ta compagne ? Si tu regrettes le détachement, tu es encore avec elle.

---

8 juillet

Dieu ? Si tu le définis, tu mens. Si tu le cherches, tu le perds. Si tu le vois, tu te vois.

9 juillet

Pour vouloir être ce qu'on n'est pas, on finit par voler.

---

10 juillet

Ne te demande pas quel est le sens de la vie, vis-la comme un serpent qui ne cesse de changer de peau.

---

11 juillet

La finalité d'un œuf n'est pas de créer un poussin, c'est de créer une conscience.

12 juillet

Bien que je ne puisse satisfaire mes désirs, je me satisfais du prodige d'avoir des désirs.

---

13 juillet

Concentre tes buts sur un seul : l'âne a quatre pattes, mais il va sur un seul chemin.

---

14 juillet

Réduis tes ambitions : si tu es poule, ne brise pas ton âme en essayant de pondre un œuf d'autruche.

15 juillet

Être n'est pas avoir. Tu peux avoir beaucoup, mais être très peu.

---

16 juillet

La feuille emportée par le fleuve est dans l'eau, mais pas à un endroit précis.

---

17 juillet

Nos mains, sans qu'on s'en rende compte, perçoivent l'histoire de ce qu'elles touchent.

18 juillet

Le monde n'est pas violent, il y a de la violence en lui. Entre « le monde est » et « dans le monde il y a » existe un abîme.

---

19 juillet

Si ce que tu désires obtenir te paraît impossible, élève ton niveau de conscience, tu trouveras une finalité plus haute.

20 juillet

Le chemin le plus court entre deux points n'est pas la ligne droite ni celui qui offre le moins de résistance, c'est le plus beau.

---

21 juillet

Ne pose pas de question si tu n'es pas disposé à entendre une réponse qui te déplaît.

---

22 juillet

S'ils m'appellent « Maître », tu crois que j'enseigne. S'ils m'appelaient « chien », tu croirais que j'aboie.

23 juillet

Si tu es en train de méditer et qu'un diable arrive, dis à ce diable de méditer.

---

24 juillet

Pour te cacher de ton ennemi, ne marche pas toute ta vie derrière lui.

---

25 juillet

La meilleure manière de savoir si l'autre nous aime, c'est de nous demander à nous-mêmes si nous l'aimons vraiment.

26 juillet

Même si tu ne possèdes rien, si tu te possèdes, tu possèdes tout.

---

27 juillet

Fais en sorte que tes paroles soient aussi belles que tes silences.

---

28 juillet

Ne souffre pas pour le temps que tu n'auras plus, réjouis-toi pour le temps que tu as eu.

29 juillet

Bonheur : fleur qui se fane en étant reconnaissante.

---

30 juillet

Ne parle pas de toi-même sans t'accorder la possibilité de changer.

---

31 juillet

Quoi que tu aies vécu, quoi que tu sois en train de vivre, pense : « Cela n'est que le commencement. »

Août

1er août

Vends le diable à ton âme.

---

2 août

Ne pense pas que tu vas tomber, améliore ton équilibre.

3 août

Ne compte pas le temps, mais tes transformations.

---

4 août

L'épée du sage ne tranche ni ne traverse, elle reflète la lumière.

---

5 août

Une seule fenêtre éclairée vainc toute la nuit.

6 août

Certains pensent une chose, en aiment une autre, en désirent une autre, font autre chose. Ils ne connaissent pas la prison où ils vivent.

---

7 août

C'est ton autoportrait que tu appelles « monde réel ».

---

8 août

Même si tu ne sais pas ce que tu veux, tu veux.

9 août

Tu as la satisfaction d'être insatisfait.

---

10 août

Lorsque tu dis : « Je crois », l'important pour toi n'est pas de croire, mais d'affirmer l'existence d'un « je » dont tu doutes.

---

11 août

L'impuissance est un pouvoir : le pouvoir de ne pas pouvoir.

12 août

Tu n'es pas tout ce que tu veux, mais ce qui en toi veut n'est pas tout ce que tu es.

---

13 août

Cadeau splendide pour nos os : deux mètres de terre dans un monde infini.

---

14 août

Lors d'une sécheresse pleine d'espoir, chaque seconde nous rapproche de la pluie. Lors d'une sécheresse dénuée d'espoir, chaque instant nous en éloigne.

15 août

Rien ne t'a été donné qui ne soit pour tous.

---

16 août

Si le positif que nous obtenons, nous ne le voulons pas pour les autres, il devient négatif.

---

17 août

Le plus important pour réaliser une œuvre, c'est de vouloir la commencer, et ensuite de pouvoir la terminer.

18 août

La liberté, c'est de se connaître soi-même et d'agir en accord avec ce que l'on est.

---

19 août

Il ne peut y avoir de vérité stagnante ; il ne peut y avoir de croyance fluide. La vérité, un fleuve. La croyance, une mare.

---

20 août

L'humour permet d'accepter d'être une partie illusoire d'un tout incompréhensible.

21 août

Ne raconte pas aux autres tes douleurs d'enfantement, montre-leur l'enfant.

---

22 août

Les poches pleines de feux d'artifice, j'avance dans la vie à l'intérieur de mon futur cadavre.

---

23 août

Je ne sais ce que je peux recevoir, mais je sais remercier pour ce qu'on m'a donné.

24 août

Je ne sais pas ce que je cherche, mais je sais que ce que je cherche me cherche.

---

25 août

Je ne sais pas où je suis, mais je sais que cet endroit n'a pas de limites.

---

26 août

Je ne sais pas d'où je viens, mais je sais que j'ai toujours été ici.

27 août

Je ne sais pas où je vais, mais je sais qui m'accompagne.

---

28 août

Je ne sais pas qui je suis, mais je sais que ce que je suis est plus que moi-même.

---

29 août

Le temps est une danse circulaire : quand meurent les nuages, naît l'océan.

30 août

Veux-tu parfaire ton esprit ? Manipule ce qui est léger comme si c'était lourd, et ce qui est lourd comme si c'était léger.

---

31 août

Tu veux avoir un diplôme ? Les chats n'ont pas besoin de s'appeler « chat » pour miauler.

Septembre

1er septembre

Les choses valent selon la manière dont on les utilise : un poing n'est qu'une main, et cependant il est plus fort qu'elle.

---

2 septembre

Réduis tes ambitions : ne fabrique pas une porte plus grande que la maison !

3 septembre

Vaniteux ? Lance une goutte d'eau dans la mer, voyons si tu peux la retrouver.

---

4 septembre

Si tu fixes ton attention, même sur une pierre, tu rencontres l'amour et le miracle.

---

5 septembre

Cesse de créer des projets et occupe-toi d'éliminer les obstacles que tu te mets.

6 septembre

Il est impossible de connaître la totalité de ce qui se passe : penser, c'est en même temps exclure.

---

7 septembre

La conscience, pour ceux qui s'identifient à l'illusion de la permanence, est une insupportable douleur.

8 septembre

Chaque fois qu'un mot se répète, il acquiert un sens différent, parce que celui qui le prononce est différent.

---

9 septembre

Tu sais un grand nombre de choses, mais sont-elles utiles ?

---

10 septembre

Ce que nous montrons, c'est ce que nous voulons être, sous nos masques il n'y a rien.

11 septembre

Pour connaître sa vraie couleur, le caméléon se pose sur le vide.

---

12 septembre

« Regarde la rose », dit l'un. « Où ? » dit l'autre en regardant les épines.

---

13 septembre

La vie est un fleuve, tu es son poisson. Le poisson ne sait où il va, le fleuve si.

14 septembre

Notre grandeur provient de la conscience que nous avons de notre infinie petitesse.

---

15 septembre

Lorsque l'on prend conscience que le monde est un temple, on respecte une pierre autant qu'une cathédrale.

---

16 septembre

Ce que tu crains, tu le désires. Et ce que tu désires, tu le crains.

17 septembre

En montrant sa sainteté, un saint la perd car il est indécent.

---

18 septembre

Ne prie pas pour demander, mais pour remercier de ce qu'on t'a donné.

---

19 septembre

Les médiocres croient que la liberté est le droit qu'ils ont de choisir un maître.

20 septembre

Que l'amour de l'œuvre remplace l'amour des récompenses.

---

21 septembre

Si tu veux te soigner, commence par soigner les autres.

---

22 septembre

Parce qu'on vit en connaissant le bonheur et l'angoisse de le perdre, on ne vit jamais vraiment.

23 septembre

Si ce qu'on cherche n'est pas ici, il n'est nulle part.

---

24 septembre

Quand tu dis que tu n'as rien, tu as cette voix qui le dit.

---

25 septembre

Oublie un moment ce qui te manque et remercie de ce que tu as.

26 septembre

Un pommier vaut-il mieux qu'un poirier ? Le sage ne compare pas.

---

27 septembre

De même que la réalité se transforme peu à peu en rêve, tout ce dont on rêve finit par devenir réel.

---

28 septembre

Je ne critique pas, je ne fais que constater. Avec tendresse, je cherche dans les marécages la fleur qui parfume.

29 septembre

En donnant, tu apprends à recevoir. En recevant, tu apprends à donner.

---

30 septembre

Ne crois pas en quelque chose, connais ce quelque chose.

Octobre

1er octobre

Ne sois pas comme le serpent qui se félicite de n'être jamais tombé et continue de se traîner.

---

2 octobre

Tout ce qu'on nous a fait étant enfants, nous nous le faisons une fois adultes.

3 octobre

Un optimiste dit : « J'ai perdu une jambe, mais il me reste quinze doigts. »

---

4 octobre

La douleur est inévitable, souffrir est une décision.

---

5 octobre

Un oiseau ne chante pas mieux dans une cage d'or, mais dans une cage aussi grande que la planète.

6 octobre

Ce que tu seras, tu l'es déjà. Et tu es aussi ce que tu ne seras pas.

---

7 octobre

Cette porte que tu crois fermée pour toujours souffre de ce que tu n'essaies jamais de l'ouvrir.

---

8 octobre

Si tu détestes les murs, apprends à construire des portes.

9 octobre

Sur 100 %, le 1 % positif est plus digne de définir la réalité que les 99 % négatifs. Cette quantité minime rachète le tout.

---

10 octobre

Celui qui opine est un être qui se transforme. Ne jamais changer d'avis est une bêtise.

---

11 octobre

Je ne te possède pas, mais tu m'enrichis, lune brillante.

12 octobre

Il y a un moment de profond soupçon envers la personne qui nous regarde depuis le miroir.

---

13 octobre

Ce qui doit arriver arrive toujours au moment où cela doit arriver, de manière inattendue, comme un miracle.

---

14 octobre

Reconnaître toutes les qualités qu'on perçoit chez autrui est le premier pas pour le guérir.

15 octobre

L'exactitude dans une réalité en changement constant est un obstacle. Un ordre peut être utile, mais pas forcément vrai.

---

16 octobre

Celui qui parle d'un autre émet toujours une opinion personnelle : pour chaque individu, l'autre est quelqu'un de différent.

---

17 octobre

Les conclusions ne s'extraient pas de faits, mais d'interprétations de faits.

18 octobre

Personne ne peut calculer les conséquences d'un acte : tout acte, aussi petit qu'il paraisse, influe sur la totalité du monde.

---

19 octobre

Pour aspirer à la totalité, la Conscience est une dissolution continue.

---

20 octobre

L'individu étant illusoire, rien ne lui appartient, pas même sa conscience.

21 octobre

Nos pas transforment le chemin. Dans son gravier germent les empreintes que nous laissons.

---

22 octobre

Le visible aspire à l'invisible, l'invisible aspire au visible. Tu es aussi ce que tu n'es pas.

---

23 octobre

Ce que tu nommes « désordre » est en réalité un autre ordre.

24 octobre

Lorsque tu renonces à le chasser, l'oiseau se pose sur ta main.

---

25 octobre

Hors de moi, craintes prématurées : tout est pour le bien !

---

26 octobre

Nous fuyons dans mille directions. La même lune nous poursuit tous.

27 octobre

Ne marche pas à la surface de la mer, immerge-toi en elle jusqu'à en perforer le fond.

---

28 octobre

Par amour, nous copions non seulement les valeurs de nos parents, mais aussi leurs maladies.

---

29 octobre

La lumière de la lampe que j'allume n'est pas mienne.

30 octobre

Pour percevoir, on doit se percevoir en train de percevoir. Si on ne se perçoit pas en train de percevoir, on ne perçoit pas.

---

31 octobre

Si tu n'aimes pas le tout, comment peux-tu aimer quelque chose ?

Novembre

1er novembre

Tu ne peux changer le monde, mais tu peux l'enrichir.

---

2 novembre

Quand je souffre, ne me donne pas ta souffrance en guise de consolation.

3 novembre

Ce que tu détestes, c'est ce que tu ne veux pas voir de toi-même.

---

4 novembre

Je ne sais pas ce que je serai, mais je sais que je le serai.

---

5 novembre

À chaque instant le temps est tout le temps.

6 novembre

Garde ton honnêteté : ne calomnie pas un ennemi, même si tu le détestes.

---

7 novembre

Très souvent, l'origine de la maladie est le désir d'avoir un médecin.

---

8 novembre

Sans nom, sans âge, libéré de tout, y compris de toi-même, tu disparais dans l'impensable.

9 novembre

Nous servons tous à quelque chose, mais pas tous à la même chose. Si tu n'es pas roi, accepte d'être semence.

---

10 novembre

Si un démon est un ange qui tombe, un ange est un démon qui s'élève.

---

11 novembre

Tu es ce qu'avec violence tu affirmes ne pas être.

12 novembre

Ce qui te manque, cherche-le dans ce que tu as.

---

13 novembre

Si tu tombes et ne te relèves pas, tu tombes. Si tu tombes et te relèves, tu ne tombes pas : tu prends ton élan.

---

14 novembre

Décide-toi à être maintenant ce que tu seras.

15 novembre

On ne peut connaître que ce qu'on désire connaître.

---

16 novembre

La vérité est la vérité, non le fruit de nos efforts.

---

17 novembre

Ne laisse pas les choses te posséder, possède-les.

18 novembre

Tu es complice de ce qui t'arrive : le malheur entre par la porte que tu as ouverte.

---

19 novembre

Celui qui se croit propriétaire de lui-même en dérobant le bien des autres est un mendiant déguisé en millionnaire.

---

20 novembre

Désire ce qui est possible. Et, de possible en possible, arrive à l'impossible.

21 novembre

Nous allons ensemble, toi avec ton ego et moi avec le mien, tels deux aveugles qui sont parvenus à voir mais gardent leurs chiens-guides.

---

22 novembre

La vérité est le mensonge que nous faisons croire aux autres.

---

23 novembre

Esprit silencieux, cœur plein, sexe satisfait et corps reconnaissant : c'est le grand miracle, la vie même.

24 novembre

Le but de la vie est de mourir content.

---

25 novembre

Même lorsqu'elles effleurent la boue, les lucioles continuent à briller : l'esprit lumineux, fidèle à lui-même, ne se laisse pas troubler.

---

26 novembre

Ce qui est mien, s'il n'est que pour moi, n'est pas mien. Le mien n'est mien que lorsqu'il est aussi pour les autres.

27 novembre

Il y a deux postures : tenir compte du « qu'en-dira-t-on » et s'inquiéter du « que dirai-je de moi-même ».

---

28 novembre

Si tu me dis encore une fois : « Nous ne sommes rien ! », je te jette mes cendres à la figure.

---

29 novembre

Vis sans plans, les petits pas tracent un long chemin.

30 novembre

Il ne s'agit pas d'apprendre un grand nombre de choses inutiles, mais d'apprendre peu à peu des choses utiles.

Décembre

1er décembre

Rien ne disparaît, tout change. La mort n'est qu'un concept. Si nous acceptons nos transformations, nous sommes immortels.

---

2 décembre

Es-tu capable de voir la réalité depuis différents points de vue ou t'enfermes-tu dans un seul en pensant que les autres n'existent pas ?

3 décembre

Même s'il te manque un millimètre pour arriver au centre, tu n'es qu'à mi-chemin.

---

4 décembre

Fais toujours ce que tu aimes, tâche d'aimer ce que tu fais.

---

5 décembre

Ce qui nous arrive de bon pourrait toujours être meilleur. Ce qui nous arrive de mal pourrait toujours être pire.

6 décembre

Tu n'es pas seul : ce que tu vas être dans le futur t'accompagne.

---

7 décembre

Le bonheur ne dépend pas d'avoir ou de ne pas avoir. Si dans un calice d'or tu mets un rat, le calice est toujours en or.

---

8 décembre

Les actes envers les autres doivent être aussi affectueux que les pas que nous faisons sur une terre qui est nôtre.

9 décembre

Nous sommes le chemin par où passent les choses, non les passants.

---

10 décembre

On t'a fait une mauvaise critique ? N'arrête pas de semer parce que les oiseaux ont dévoré quelques graines.

---

11 décembre

Celui qui n'a que des vertus n'est pas meilleur que celui qui n'a que des défauts.

12 décembre

Si tu manges des cerises avec un puissant, tu t'exposes à ce qu'il te crache ses noyaux au visage.

---

13 décembre

Ne réduis pas par des préjugés ton espace mental : plus petite est la forêt, plus grand paraît le loup.

---

14 décembre

Fais face à la souffrance : mieux vaut porter une croix que la traîner.

15 décembre

Va au fond de ta crise : qui tombe à l'eau cesse de craindre la pluie.

---

16 décembre

Passe du « je » au « tu » et du « tu » au « nous » : on ne monte pas un mur avec une seule pierre.

---

17 décembre

Que la mauvaise situation du monde ne t'empêche pas de créer : s'il le faut, les oiseaux pondent leurs œufs au milieu des orties.

18 décembre

Mieux vaut un petit sac de graines que dix tonnes de fleurs coupées.

---

19 décembre

Agressif ? Si tu peux défaire le nœud avec tes doigts, à quoi bon utiliser tes dents ?

---

20 décembre

De l'instant de ta naissance à celui de ta mort, ton âme ne change pas : le soleil de l'aube et celui du crépuscule sont le même soleil.

21 décembre

Cesse de demander à l'aigle qu'il te prête ses ailes et entraîne-toi à sauter aussi haut que tu le peux.

---

22 décembre

L'humilité, c'est reconnaître ses propres valeurs en secret.

---

23 décembre

Les grands projets exigent des esprits libres : si tu veux posséder un éléphant, agrandis tes portes.

24 décembre

Si ton cœur est étroit, à quoi te sert que le monde soit si vaste ?

---

25 décembre

J'accepte l'extinction de l'univers parce qu'il mourra en donnant le jour à un autre.

---

26 décembre

Quand tu es prisonnier à l'intérieur du tigre, les rayures blanches t'empêchent de sortir tout autant que les noires.

27 décembre

Respecte ce que tu ne comprends pas : baise la main que tu ne peux couper.

---

28 décembre

Tu as appris à arriver, apprends maintenant à partir.

---

29 décembre

Tu demandes à un gourou qu'il te révèle la vérité ? Un mendiant qui demande l'aumône à un autre mendiant ne deviendra jamais riche.

30 décembre

Tu demandes à ton intellect de te donner des réponses ? La raison interroge, le cœur répond.

---

31 décembre

Tout est une recherche qui ne peut s'achever que lorsqu'on se transforme en ce que l'on cherche.

Du même auteur

Bibliographie sommaire

Métagénéalogie. La famille. Un trésor et un piège, avec Marianne Costa, Albin Michel, 2011.

Contes de l'intramonde, Albin Michel, 2011.

Les Araignées sans mémoire et autres fables paniques, Albin Michel, 2010.

Manuel de psychomagie, Albin Michel, 2009.

Solo de amor. D'amour seul, Maelström, 2007.

La Sagesse des contes, Albin Michel, 2007.

Contes paniques, Le Relié, 2006.

Mu, le Maître zen et les Magiciennes, Albin Michel, 2005, rééd. « Espaces libres », 2008.

L'Échelle des anges. Un art de penser, Albin Michel, 2004.

La Voie du Tarot, avec Marianne Costa, Albin Michel, 2004.

Dire ne suffit pas, Le Veilleur, 2003.

Le Dieu intérieur, Le Relié, 2003 ; rééd. Le Relié poche 2011.

Un Évangile pour guérir, Le Relié, 2003 ; Le Relié poche 2006.

La Danse de la réalité, Albin Michel, 2002 ; rééd. « Espaces libres » 2004.

Le Théâtre de la guérison, Albin Michel, 2001.

Opéra panique. Cabaret tragique, Métailié, 2001.

L'Enfant du jeudi noir, Métailié, 2000.

L'Arbre du dieu pendu, Métailié, 1998, rééd. « Points Seuil » 2010.

Le Doigt et la Lune, Albin Michel, 1997.

La Sagesse des blagues, Vivez Soleil, 1994.

La Tricherie sacrée, Dervy, 1984.

Le Paradis des perroquets, Flammarion, 1984.

Scénarii de bandes dessinées

Louz de Gara, Les Humanoïdes associés, 2011.

Showman killer, Delcourt, 2010.

Sang royal, Glénat, 2010.

La Passion de Diosamante, Les Humanoïdes associés, 2010.

Borgia, Drugstore, 2008.

Pietrolino, Les Humanoïdes associés, 2007.

Castaka, Les Humanoïdes associés, 2007.

Astéroïde hurlant, Les Humanoïdes associés, 2006.

Bouncer, Les Humanoïdes associés, 2001.

Megalex, Les Humanoïdes associés, 2001.

Les Technopères, Les Humanoïdes associés, nouv. éd. 2000.

L'Incal, Les Humanoïdes associés, nouv. éd. 2000.

Avant l'Incal, Les Humanoïdes associés, nouv. éd. 2000.

Après l'Incal, Les Humanoïdes associés, nouv. éd. 2000.

La Caste des Méta-Barons, Les Humanoïdes associés, nouv. éd. 2000.

Le Lama blanc, Les Humanoïdes associés, nouv. éd. 2000.

Anibal Cinq, Les Humanoïdes associés, 1999.

Juan Solo, Les Humanoïdes associés, 1999.

Alef-Thau, Les Humanoïdes associés, 1998.

Composition Nord Compo
Impression CPI Bussière en octobre 2013
à Saint-Amand-Montrond (Cher)
Éditions Albin Michel
22, rue Huyghens, 75014 Paris
www.albin-michel.fr
ISBN : 978-2-226-24959-3
N° d'édition : 20937/01. – N° d'impression : 2005175.
Dépôt légal : novembre 2013.
Imprimé en France.